AF309716

COURS

THÉORIQUE ET PRATIQUE

DE DESSIN LINÉAIRE

LAVIS ET ORNEMENT

Par A. Le Béalle,

ANCIEN ÉLÈVE-MAÎTRE A L'ÉCOLE NORMALE DE VERSAILLES, PRÉPARATEUR A L'ÉCOLE CENTRALE DES ARTS ET MANUFACTURES.

Ouvrage autorisé par le Conseil de l'Instruction publique
pour les écoles primaires, les classes d'adultes et les écoles normales.

TROISIÈME ÉDITION

REVUE ET AUGMENTÉE.

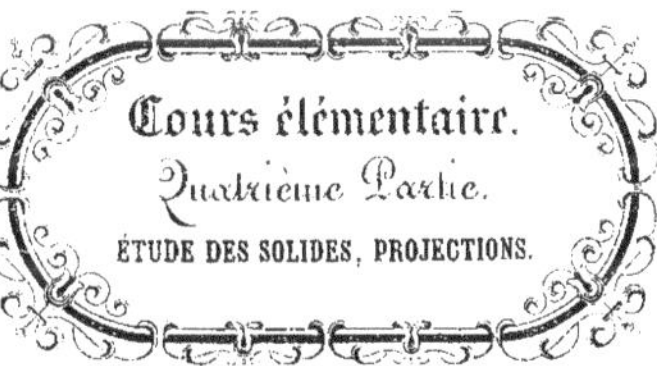

PARIS.

IMPRIMERIE ET LIBRAIRIE CLASSIQUES DE JULES DELALAIN,

IMPRIMEUR DE L'UNIVERSITÉ, RUES DE SORBONNE ET DES MATHURINS.

Année scolaire 1830-1831.

TABLE DES MATIÈRES.

TEXTE (AVEC FIGURES).

PLANCHES.

OBSERVATIONS.

1° Toutes les planches de cette partie seront reproduites dans des dimensions doubles de celles du modèle ; chacune d'elles occupera donc une feuille entière de papier grand raisin ou de demi-grand aigle.

2° Il faut toujours commencer un dessin par la construction du cadre (voir 1ʳᵉ partie), qui doit avoir 0^m52 sur 0^m40, c'est-à-dire : 0^m26 de chaque côté de l'horizontale de construction sur 0^m20 de chaque côté de la verticale de construction.

3° Les mesures servant à déterminer les hauteurs sont cotées : à partir de l'horizontale de construction, dans les 6 premières planches, et à partir de l'horizontale inférieure du cadre dans les 10 autres.

4° Les mesures servant à déterminer les largeurs sont cotées : à partir de la verticale de construction, sauf dans les planches 7, 8, 9, 11 et 12, où elles sont cotées à partir de lignes d'axe ; — dans les figures symétriques, elles ne sont cotées que d'un seul côté.

NOTA. Le double décimètre est trop petit pour que toutes les mesures d'un même côté soient prises sans le déplacer ; de plus, sa numération n'est ordinairement cotée que dans un sens, ce qui embarrasse souvent l'élève, surtout dans la construction des figures symétriques. Pour remédier à ces inconvénients, nous avons fait fabriquer des TRIPLES DÉCIMÈTRES à trois numérations :

L'un des biseaux porte une numération symétrique, colorée en rouge ; le 0, point de départ, est au milieu ; les cotes sont disposées ainsi :

15...14.........3...2...1...0...1...2...3.........14...15.

L'autre biseau porte deux numérations continues, colorées en noir : la première va de gauche à droite :

0....1....2 ...3...........28....29...30 ;

la seconde va de droite à gauche :

30....29....28...........3....2....1...0.

Nous nous chargeons de fournir ces TRIPLES DÉCIMÈTRES, les INSTRUMENTS DE MATHÉMATIQUES et les COULEURS nécessaires au dessin linéaire, et dont le choix est souvent une difficulté pour les professeurs ou les élèves.

Série de 7 POLYÈDRES EN CARTON : imprimés, 1 fr. ; découpés, 1 fr. 50 c. ; assemblés et collés, 2 fr. 50 c.

A. LE BÉALLE, rue des Saints-Pères, 59.

SOLIDES EN GÉNÉRAL.

1. — On nomme SOLIDE ou CORPS tout objet considéré sous les trois dimensions. — Il y a deux natures de solides : les polyèdres et les corps ronds. — On nomme section toute coupe d'un solide. — Le développement d'un solide est la représentation plane de toute sa surface.

2. — Un polyèdre est un solide dont la surface est entièrement composée de polygones rectilignes qui prennent le nom de faces. — La rencontre de deux faces forme une droite nommée arête. — Plusieurs faces dont les arêtes se terminent en un même point nommé sommet forment un angle solide. — Un angle solide est dit trièdre, tétraèdre, pentaèdre, etc., polyèdre, suivant que 3, 4, 5, etc., ou un nombre quelconque de faces concourent à sa formation. — Les polyèdres géométriques sont : les polyèdres réguliers, le prisme, la pyramide.

POLYÈDRES RÉGULIERS (Voir planche 3ᵉ).

3. — Un POLYÈDRE RÉGULIER a sa surface composée de polygones réguliers égaux entre eux. Il y en a cinq, et l'on ne peut en obtenir plus, quels que soient le nombre, l'espèce et la disposition des polygones employés.

4. — Les cinq polyèdres réguliers (voir planche 3) ont chacun un nom désignant le nombre de leurs faces, savoir :

Tétraèdre (Fig. 6 et 7), qui a 4 triangles pour surface.

Hexaèdre ou cube (Fig. 8),   6 carrés   id.
Octaèdre (Fig. 9 ; 10),   8 triangles   id.
Dodécaèdre (Fig. 11, 12),   12 pentagones id.
Icosaèdre (Fig. 13, 14),   20 triangles   id.

PRISME (voir planche 1ʳᵉ).

5. — Le PRISME RÉGULIER a deux polygones rectilignes égaux et parallèles pour bases, et pour faces latérales autant de quadrilatères que chaque polygone de base a de côtés. — Il est droit, si ses faces latérales sont perpendiculaires à ses bases ; oblique, si ses faces sont obliques à ses bases ; tronqué, si ses bases sont obliques entre elles ; — triangulaire, quadrangulaire, pentagonal, etc., suivant que son polygone de base a 3, 4, 5, etc., angles. — Sa hauteur est la perpendiculaire menée d'une base à l'autre.

On donne le nom de parallélipipède au prisme dont les bases, ainsi que les faces latérales, sont des parallélogrammes.

PYRAMIDE (voir planche 1ʳᵉ).

6. — La PYRAMIDE n'a qu'une seule base ; — ses faces latérales sont des triangles qui ont un sommet commun ; — sa hauteur est mesurée par la perpendiculaire abaissée du sommet sur le plan de base ; — son axe est la droite menée du sommet au centre de la base.

Elle est droite, quand l'axe est perpendiculaire à la base ; — oblique, quand l'axe est oblique à la base ; — tronquée, quand elle est privée de son sommet par une section qui lui constitue une seconde base ; — triangulaire, quadrangulaire, etc., suivant le nombre des angles de son polygone de base.

DÉVELOPPEMENTS DES POLYÈDRES.

7. — Les DÉVELOPPEMENTS des polyèdres présentent graphiquement peu de difficultés : aussi nous bornerons-nous à indiquer les premières opérations du tracé de chaque figure, dont les principales lignes sont d'ailleurs déterminées par les cotes placées le long du cadre.

8. — *Prisme triangulaire régulier* (Fig. 1) :
1° Tracer les parallélogrammes A, B, C, faces latérales ; — 2° tracer les triangles réguliers D, E, bases.

9. — *Pyramide quadrangulaire* (Fig. 2) :
1° Tracer le carré A, base ; — 2° tracer le triangle isocèle B ; — 3° du sommet S, tracer un arc du rayon SC, et porter CD trois fois sur cet arc.

10. — *Tétraèdre* (Fig. 3) :
Tracer un triangle équilatéral ABC et diviser chaque côté en deux parties égales, et mener des droites par ces points de division 2 à 2.

11. — *Hexaèdre* (Fig. 4) :
Tracer 6 carrés égaux.

12. — *Octaèdre* (Fig. 5) :
1° Tracer le triangle équilatéral ABC ; — 2° diviser chaque côté en deux parties égales ; — 3° prendre le point D milieu du côté BC prolongé pour sommet d'un autre triangle égal à ABC, etc.

13. — *Dodécaèdre* (Fig. 6) :
1° Du point O décrire une circonférence et lui inscrire le pentagone *abcde* ; 2° mener les lignes de construction indiquées pour obtenir sa division en 6 petits pentagones, ainsi que les points principaux de l'autre grand pentagone, etc.

NOTA. Toute ligne de construction, ainsi que tout côté de petit pentagone, est parallèle à l'un des côtés du pentagone *abcde*.

14. — *Icosaèdre* (Fig. 7) :
1° Mener la droite AB et la diviser en 5 parties égales ; 2° construire en dessus et en dessous de AB 5 triangles équilatéraux ; 3° par les sommets des triangles en dessus de AB, mener la droite CD et construire en dessus de cette droite 5 autres triangles équilatéraux.

15. — NOTA. Pour connaître exactement la forme de chaque polyèdre :

1° Tracer leurs développements dans des dimensions quadruples, sur une feuille de carton mince ; — 2° découper les contours de chaque figure ; — 3° couper à mi-carton les divisions d'une même figure ; — 4° replier les diverses parties d'une même figure et coller sur les arêtes de petites bandes de papier mince.

Pour abréger ce travail, nous tenons à la disposition des élèves les développements des polyèdres, imprimés sur carton et découpés, au prix de 1 fr. 50 c. les sept.

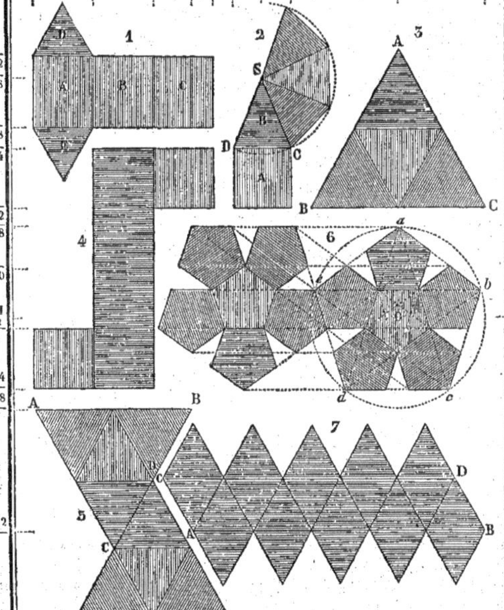

PROJECTIONS.

DÉFINITION.

16. — On nomme PROJECTION *d'un point sur un plan* le point de ce plan sur lequel tombe sa perpendiculaire abaissée du point donné. — La *projection d'une ligne* s'obtient par celle de plusieurs de ses points ; — la *projection d'une surface* se détermine par celle de son périmètre ; — la *projection d'un solide* s'obtient par celle des surfaces qui l'enveloppent.

17. — La géométrie considère deux principaux plans de projection : — le *plan vertical* ou *tableau*, situé en face de l'observateur, et le *plan d'horizon*, passant par le point de départ du rayon visuel.

18. — Les projections sont dites :

Verticales, lorsqu'on projette un plan horizontal dans un plan vertical ;
Horizontales . . . . vertical . . . . . . horizontal ;
Obliques . . . . horizontal ou vertical. . oblique.

19. — L'aspect d'une surface plane varie d'après l'angle qu'elle forme avec l'un ou l'autre plan de projection ;

Soit, par exemple, un carré situé successivement dans les positions principales par rapport aux deux plans de projection :

20. — 1ᵉʳ CAS. *Parallèle au tableau et perpendiculaire au plan d'horizon*, il se projette en vraie grandeur sur le tableau (Fig. 1) et sous la forme d'une droite sur le plan d'horizon.

21. — 2ᵉ CAS. *Oblique au tableau et perpendiculaire au plan d'horizon*, il se projette sur le tableau sous la forme d'un rectangle (Fig. 2) qui a la hauteur du carré, mais dont la largeur diminue d'autant plus qu'il est plus près d'être perpendiculaire au tableau, auquel cas sa projection est une droite sur l'un et l'autre plan ;

22. — 3ᵉ CAS. *Oblique aux deux plans, mais en conservant deux côtés horizontaux*, il se projette sur l'un et l'autre sous la forme d'un rectangle (Fig. 3), dont une dimension est celle du carré, mais dont l'autre diminue sur le tableau et augmente sur le plan d'horizon au fur et à mesure qu'il est plus près d'être horizontal, auquel cas sa projection est une droite sur le tableau et en vraie grandeur sur le plan d'horizon ;

23. — 4ᵉ CAS. *Oblique aux deux plans, mais n'ayant aucun de ses côtés parallèles avec eux*, il se projette sur chacun d'eux sous la forme d'un parallélogramme (Fig. 4) dont aucun côté n'est en vraie grandeur et n'est ni horizontal ni vertical.

24. — La projection d'un objet sur le plan d'horizon se nomme *plan* ; sa projection sur le tableau se nomme *élévation*.

TRACÉ.

25. — Pour représenter un objet vu dans ses diverses positions, on est obligé de supposer ses différents plans de projection abaissés sur le plan du papier.

26. — *Pour obtenir les diverses projections d'un carré :*

27. — 1ᵉʳ CAS (Fig. 1) :

Tracer un carré régulier à côtés horizontaux et verticaux.

28. — 2ᵉ CAS (Fig. 2) : le carré étant oblique au tableau de 60°, pour obtenir son élévation :

1° Du point *a* et d'un rayon *ab* (côté horizontal du carré), décrire un arc ; — 2° mener *ac* formant avec *ab* un angle de 60°.

L'intersection *c* détermine le second côté vertical du rectangle.

29. — 3ᵉ CAS (Fig. 3) : le carré étant oblique au plan d'horizon de 50°, pour obtenir son élévation :

Opérer comme pour le 2ᵉ cas.

30. — 4ᵉ CAS (Fig. 4 et 5) : le carré étant oblique au tableau de 60° et au plan d'horizon de 40°, pour obtenir son élévation :

1° Sur *ab* formant un angle de 60° avec l'horizontale *ac*, tracer le carré donné (Fig. 5) ; — 2° à chaque angle du carré élever une verticale dont une B*b* est abaissée jusqu'à sa rencontre avec *ac* ; — 3° sur AB projeter la hauteur des angles du carré à l'aide d'horizontales ; — 4° au point A', pris sur le prolongement de AB, ouvrir un angle de 30° formé d'une horizontale A'*m* et d'une oblique A'B' ; — 5° porter sur A'B' les projections *o*, *b*, B, obtenues sur AB ; — 6° par les points A', *o'*, *b'*, B, mener des horizontales dont les intersections avec les verticales élevées du carré déterminent sa projection doublement oblique.

31. — NOTA. Le mode de projection du 4ᵉ cas s'emploie en géométrie pour représenter les surfaces horizontales d'un solide, qui sans cela apparaîtraient sous la forme d'une droite ; c'est pour cette raison qu'on lui donne le nom de perspective géométrique.

PROJECTIONS D'UN ESCALIER DROIT.

32. — PROJECTION VERTICALE OU ÉLÉVATION. Le plan ABCD (Fig. 6) étant donné, et la hauteur des marches étant pointée sur la verticale EF, pour obtenir l'élévation :

1° De chaque point principal du plan, élever une verticale ; — 2° par chaque point de la verticale EF, mener une horizontale : les intersections déterminent l'élévation de l'escalier (Fig. 7).

33. — PROJECTION HORIZONTALE OU PLAN. L'élévation (Fig. 7) et la largeur AD (Fig. 6) étant données, pour obtenir le plan :

1° Mener les horizontales AB, DC ; — 2° des différents points de l'élévation abaisser des verticales dont les intersections avec les horizontales AB, DC, déterminent le plan.

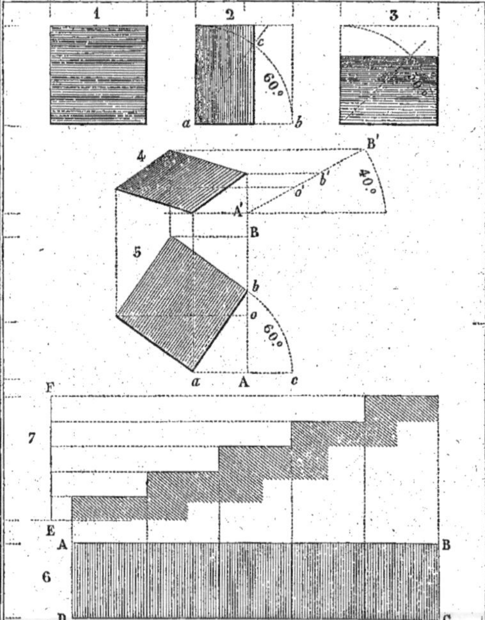

CORPS RONDS.

34 — Les **corps ronds** sont ceux dont la surface n'est pas composée de polygones rectilignes; la géométrie en considère trois : le *cylindre*, le *cône*, la *sphère*.

CYLINDRE (voir Planche 2).

35. — Le **cylindre régulier** a deux cercles égaux et parallèles pour bases, et pour axe la droite menée par les centres de ses deux bases; — sa hauteur est la perpendiculaire menée d'une base à l'autre; — Sa surface latérale est composée d'un nombre illimité de perpendiculaires menées des points de la circonférence d'une base à l'autre; le développement de cette surface est un rectangle.

36. — Un cylindre est :

droit, lorsque l'axe est perpendiculaire aux bases;

oblique, quand l'axe est oblique aux bases, qui sont alors des ellipses;

tronqué, quand les bases ne sont pas parallèles.

37. — L'**hélice** est une courbe tracée sur la surface latérale d'un cylindre droit, et dont les points successifs s'élèvent d'une quantité constante. — Le pas de l'hélice est la distance AB (Fig. 2) dont elle s'élève dans une révolution entière; son plan est une circonférence.

38. — Le **serpentin** est un solide que l'on peut considérer comme étant composé d'un ensemble de cercles égaux, ayant chacun pour centre un des points d'une hélice.

CÔNE (voir Planche 2).

41. — Le **cône régulier** n'a qu'une base formée par un cercle, et pour axe la perpendiculaire élevée du centre de sa base; — sa hauteur est la perpendiculaire abaissée du sommet sur la base. Sa surface latérale est composée d'un nombre illimité de droites nommées génératrices, menées de chaque point de la circonférence de la base à un même point de l'axe, nommé sommet du cône; le développement de cette surface latérale est un cercle moins un secteur.

42. — Un cône est :

droit, quand l'axe est perpendiculaire à la base;

oblique, si l'axe est oblique à la base, qui est alors une ellipse;

tronqué, s'il est privé de son sommet par une section qui lui constitue une seconde base.

43. — Il y a cinq sections coniques dont les périmètres sont :

1re section, perpendiculaire à l'axe, un cercle;

2e. . . . . oblique à l'axe, une ellipse;

3e. . . . . suivant l'axe, un triangle isocèle;

4e. . . . . parallèle à l'axe, une hyperbole (Fig. 3) et une droite;

5e. . . . . parallèle à une génératrice, une parabole (Fig. 4) et une droite.

PROJECTIONS.

39. — *Projection d'un cercle formant avec le plan d'horizon un angle de* 35° (3e cas, N° 22). Pour obtenir cette projection, qui donne une ellipse (Fig. 1), il suffit d'un demi-cercle pour plan.

1° Tracer au-dessus du demi-plan un angle *abc* égal à l'angle d'inclinaison, ici 35°, dont le côté *ab* est horizontal, et dont le côté *bc* est égal au diamètre du demi-cercle; — 2° mener l'horizontale *cd* dont l'intersection *d* avec la verticale *md* détermine le petit axe *do* de l'ellipse; — 3° diviser *mn*, rayon vertical du plan, en un nombre quelconque de parties égales, et *do*, petit axe de l'ellipse, en un nombre double; — 4° par chaque point de division de *do* mener une horizontale; — 5° élever des verticales aux intersections des horizontales du plan avec sa circonférence; — les intersections de ces verticales avec les horizontales menées par les divisions de *do* déterminent le périmètre de l'ellipse.

40. — *Tracé d'une hélice :*

1° Diviser la circonférence du demi-plan en un nombre quelconque de parties égales, et à chaque point de division élever une verticale; — 2° diviser la hauteur AB du pas de l'hélice en un nombre double de parties égales, et par les points de division mener des horizontales, dont les intersections avec les verticales élevées du plan déterminent la projection verticale de l'hélice (fig. 2).

PROJECTIONS DE L'HYPERBOLE.

44. — La droite AB (Fig. 3) étant le plan d'une hyperbole, pour obtenir son élévation parallèle au tableau :

1° Du centre *o* et d'un rayon *oa*, décrire un arc *ba*, ainsi que d'autres arcs *ba* de rayons arbitraires; — 2° des points A, *a*, *b*, B, élever des verticales; — 3° par les intersections *c*, mener des horizontales dont les intersections *d* avec les verticales *ad* déterminent le tracé d'une demi-hyperbole.

PROJECTIONS DE LA PARABOLE.

45. — La droite AB (Fig. 4) étant l'élévation perpendiculaire au tableau d'une parabole, pour obtenir son demi-plan :

1° Par un nombre quelconque de points *a* pris sur AB, mener des horizontales *ob* et des verticales *ac*; — 2° des intersections *b*, abaisser des verticales *bd*; — 3° du centre *o* et des rayons *od*, décrire des arcs *dc* dont les intersections *c* avec les verticales *ac* déterminent la demi-projection horizontale de la parabole.

46. — Pour obtenir l'élévation de la demi-parabole dans un plan parallèle au tableau :

Aux points *b* élever des perpendiculaires *be* à la génératrice CD, et leur donner la longueur des droites *nc*, parties des verticales *ac* comprises dans le demi-plan.

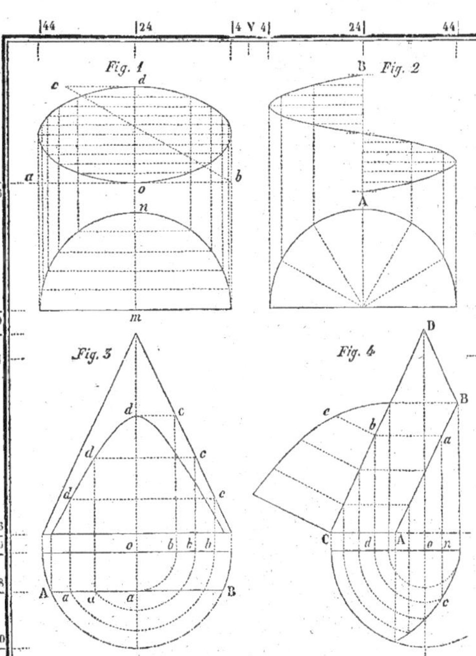

CORPS RONDS (Suite.)

SPHÈRE ET PARTIES DE SPHÈRE (voir Planche 3).

47. — La SPHÈRE est un solide dont tous les points de la surface sont équidistants d'un point intérieur nommé centre. — On considère dans la sphère : 1° les *lignes* ; 2° les *parties superficielles* ; 3° les *parties solides*.

48. — Les LIGNES sont :

A l'intérieur : 1° l'axe ou diamètre, droite qui passe par le centre et qui se termine en deux points de la surface nommés pôles ; — 2° le rayon ou demi-diamètre, dont l'une des extrémités est au centre et l'autre à la surface.

A la surface : 1° les grandes circonférences, dites grands cercles, qui ont le centre et le rayon de la sphère ; — 2° les petits cercles, qui ont leur centre situé en un point de l'axe autre que le centre de la sphère, et dont le rayon est plus petit que celui de la sphère ; — 3° les arcs, parties de grands ou de petits cercles.

49. — Les PARTIES SUPERFICIELLES sont : 1° l'hémisphère superficiel ou moitié de la surface de la sphère, limitée par la circonférence d'un grand cercle ; — 2° la zone (Pl. 3, n° 3), comprise entre deux plans parallèles ; — 3° la calotte ou zone extrême (Pl. 3, n° 2), limitée par la circonférence d'un petit cercle ; — 4° le fuseau, compris entre deux demi-grandes circonférences qui se rencontrent aux deux pôles.

50. — Les PARTIES SOLIDES sont : 1° l'hémisphère solide ou moitié de sphère, ayant pour surface un hémisphère superficiel et un grand cercle pour base ; — 2° le segment sphérique (Pl. 3, n° 3), qui a pour surface une zone et les deux cercles qui la limitent ; — 3° le segment extrême (Pl. 3, n° 1), dont la surface est une calotte et le cercle qui la limite ; — 4° le secteur sphérique (Pl. 3, n° 4), composé d'un segment extrême et d'un cône dont le sommet est au centre de la sphère ; — 5° le coin ou onglet (Pl. 3, n° 5), limité par la surface d'un fuseau et les deux demi-grands cercles dont les demi-circonférences limitent le fuseau ; — 6° les cinq polyèdres réguliers, parce que chacun d'eux a le sommet de tous ses angles à la surface de la sphère dont le centre lui est commun.

PROJECTIONS DES POLYÈDRES (voir Planche 3).

51. — *Tétraèdre posé sur une de ses faces* (Fig. 1) :

1° Tracer la projection horizontale, triangle équilatéral ABC, — 2° du point D et d'un rayon DA, décrire l'arc AE ; — 3° mener OE parallèle à BC ; — 4° tracer la projection verticale en donnant à FG la dimension de OE.

52. — *Hexaèdre ou cube posé sur une de ses faces* (Fig. 2) :

1° Tracer la projection horizontale, carré ABCD ; — 2° à chaque angle, élever une verticale ; — 3° tracer la base de repos de la projection verticale, parallélogramme EFGH ; — 4° porter sur chaque verticale, à partir des points E, F, G, H, des distances égales à la longueur d'un côté du carré, etc.

NOTA. Cette projection verticale n'est autre chose que ce que nous avons désigné (n° 31) sous le nom de perspective géométrique ou cavalière.

53. — *Octaèdre posé sur un de ses angles* (Fig. 3) :

1° Tracer la projection horizontale, carré ABCD et ses diagonales AC, BD qui sont les 4 arêtes des faces de l'angle solide O ; — 2° à chaque angle ainsi qu'au sommet O, élever une verticale ; — 3° donner à l'axe IJ de la projection verticale la dimension d'une des diagonales AC, et par le milieu de cet axe mener une horizontale, etc.

54. — *Dodécaèdre posé sur une de ses faces* : projection verticale (Fig. 4) et projection horizontale (Fig. 5) ; — dodécaèdre posé sur une arête, projection horizontale (Fig. 6) :

1° Inscrire un décagone (Fig. 5) et déterminer le pentagone au milieu en menant des droites AB par les angles du décagone ; — 2° par chaque angle du décagone et du pentagone mener des obliques parallèles à AC et des verticales AD ; — 3° mener EF (Fig. 6) perpendiculaire aux obliques ; — 4° prendre ab égal à l'un des côtés du pentagone, le point E étant au milieu ; — 5° prendre ef égal à Ee ; — 3° porter sur DG (Fig. 4) les distances prises sur IJ, etc.

55. — *Icosaèdre posé sur un de ses angles* (Fig. 7) :

1° Tracer la projection horizontale, décagone et pentagone inscrits ; — 2° à chaque angle, élever une verticale ; — 3° tracer l'horizontale AB, côté du triangle équilatéral ABC ; — 4° mener les droites mn, or, qui déterminent les côtés mo, nr d'un hexagone, etc.

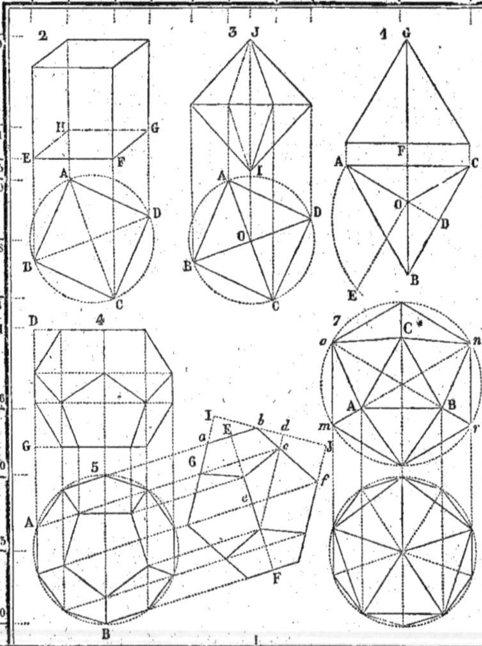

MESURE DU VOLUME D'UN CORPS.

UNITÉS DE VOLUME.

56.—L'ÉVALUATION DU VOLUME d'un corps s'effectue en le comparant à celui d'un autre corps pris pour unité, c'est-à-dire en déterminant le nombre de fois que son volume égale celui de l'unité ou des fractions de l'unité.

57.— Le MÈTRE CUBE ou STÈRE est l'unité de volume pour les corps solides; il se divise en 1,000 décimètres cubes et en 1,000,000 de centimètres cubes.

58.— Le LITRE est l'unité de volume pour les liquides, les céréales, les légumes secs, etc. Sa contenance est de un décimètre cube. — On donne au litre le nom d'UNITÉ DE CAPACITÉ.

59.— NOTA. En pratique, le nom de décimètre cube donné à la dixième partie du mètre cube est une fausse dénomination. (Voir 3ᵉ partie, pages 5 et 6, les unités et les rapports de superficie.)

60.— Le CUBE (nᵒ 4), ainsi que tout PARALLÉLIPIPÈDE (nᵒ 5), a pour volume le produit des trois arêtes qui se réunissent en un même angle trièdre. — Dans le cube, toutes les arêtes étant égales, il en résulte qu'il suffit d'en multiplier une deux fois par elle-même : de là est venue la dénomination de cube d'un nombre donnée à ce nombre multiplié deux fois par lui-même.

MESURE DE LA SUPERFICIE ET DU VOLUME DES SOLIDES.

61. — Le PRISME a pour surface celle d'une de ses bases, plus sa hauteur multipliée par un côté de la base et par le nombre des côtés. — Son volume est le produit de la surface d'une base multipliée par sa hauteur.

62. — La PYRAMIDE a pour surface celle de sa base, plus celle d'un des triangles de sa surface latérale multipliée par le nombre des côtés de la base. — Son volume est le tiers du produit de la surface de base par la hauteur.

63. — Le CYLINDRE a pour surface celles des cercles de base, plus la circonférence d'un de ces cercles multipliée par la hauteur. — Son volume est le produit de la surface d'une base multipliée par la hauteur.

64. — Le CÔNE a pour surface celle de son cercle de base, plus le demi-produit de la circonférence de ce cercle par la droite menée d'un de ses points au sommet (génératrice). — Son volume est le tiers du produit de sa surface de base par la hauteur.

65. — La SPHÈRE a pour surface 4 fois celle d'un grand cercle ou $R^2 \times 3,1416 \times 4$. — Son volume est le tiers du produit de la surface par le rayon ou $\dfrac{R^3 \times 3,1416 \times 4}{3}$.

66. — La ZONE et la CALOTTE ont pour surface la circonférence d'un grand cercle, multipliée par la perpendiculaire menée entre les deux plans qui les limitent.

67. — Le SEGMENT a pour surface celles de la zone et des cercles qui le limitent. — Son volume égale le demi-produit de ses bases par sa hauteur, plus le volume d'une sphère qui aurait sa hauteur pour axe.

68. — Le SECTEUR a pour surface celle de la calotte, plus le demi-produit du rayon de la sphère multiplié par la circonférence qui limite la calotte. — Son volume égale le tiers du produit du rayon de la sphère par la surface de la calotte.

69. — Le FUSEAU a pour surface le produit de sa plus grande largeur par l'axe de la sphère.

70. — Le COIN ou ONGLET a pour surface celle du fuseau, plus celle d'un grand cercle. — Son volume égale le tiers du produit de la surface du fuseau par le rayon.

71. — Un POLYÈDRE RÉGULIER a pour surface le produit de celle de l'une de ses faces par le nombre de faces. — Son volume égale le tiers du produit de cette surface multipliée par la perpendiculaire menée du centre au milieu d'une des faces.

COMPAS D'ÉPAISSEUR.

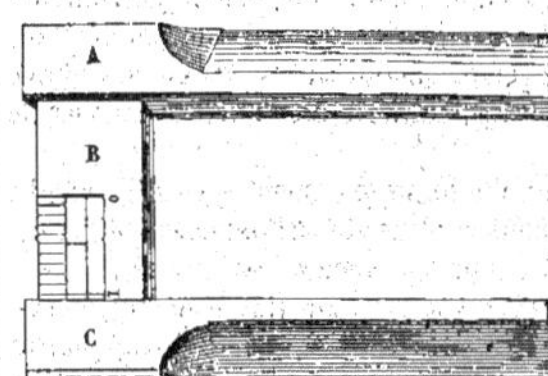

72. — Pour apprécier l'épaisseur d'un corps, on se sert de divers instruments, et notamment du compas d'épaisseur, qui donne des résultats très-exacts.

73. — Le COMPAS D'ÉPAISSEUR est composé : 1° d'une règle B divisée en millimètres et terminée, d'un côté, par un montant perpendiculaire A ; — 2° d'un œil E, dans lequel entre la règle, et terminé comme elle par un montant perpendiculaire C ; — 3° d'une ouverture ou fenêtre carrée, pratiquée dans l'étui et permettant de voir la numération de la règle. L'un des côtés de la fenêtre est taillé en biseau et porte ce que l'on nomme un vernier.

74. — Le VERNIER, d'une longueur de 9 millimètres, est divisé en 10 parties; chacune de ces parties est donc de 1 dixième plus petite qu'un millimètre. Voici quel est son usage.

75. — Si, en tirant la règle, la division 0 du vernier correspond exactement à l'une des divisions de la règle, visible dans sa partie D, cette division de la règle donne la mesure de l'espace compris entre les deux montants ; — si, au contraire, la division 0 du vernier ne coïncide pas avec une de celles de la règle, l'espace compris entre les deux montants égalera : 1° le nombre de millimètres exprimé par la première division de la règle, à gauche de la division 0 du vernier, c'est-à-dire du côté des montants; — 2° une certaine fraction que le vernier permet d'apprécier à un dixième de millimètre près.

76. — La fraction en plus du nombre de millimètres exprimé par la division de la règle, à gauche du 0 du vernier, est d'autant de dixièmes de millimètres qu'il y a de divisions du vernier, depuis sa division 0 jusqu'à celle qui coïncide avec une division de la règle.

MESURE DES CORPS IRRÉGULIERS.

77. — Pour apprécier le volume des corps irréguliers, on se sert d'un vase ayant sur l'un de ses côtés une échelle indiquant les diverses quantités d'eau que l'on verse dedans.

78. — Après avoir mis une certaine quantité d'eau dans le vase, on prend note de la division de l'échelle qui correspond au niveau de l'eau. On plonge ensuite dans cette eau le corps à apprécier, l'on prend note de la division de l'échelle qui correspond au nouveau niveau de l'eau, et l'on compare les deux nombres obtenus.

79. — Si, par exemple, l'eau a monté de 5 divisions, et que chaque division représente un litre, on saura que le corps a pour volume 5 décimètres cubes (voir nᵒ 58).

PRINCIPES DE CONSTRUCTION.

80. — **Lits de carrière**, faces d'une pierre qui étaient horizontales avant son extraction de la carrière. — **Lit de pose**, face de repos sur les pierres précédemment placées. — **Têtes**, faces extrêmes d'une pierre. — **Parement**, surface apparente d'une pierre faisant partie d'un mur.

81. — **Carreau**, pierre qui n'a qu'un parement. — **Parpaing**, pierre qui a deux parements dans le sens de sa longueur. — **Boutisse**, pierre qui a ses deux têtes pour parements (voir Planche 5).

82. — **Assise**, rang de pierres posées sur une même ligne horizontale. — **Joints**, faces suivant lesquelles se touchent les pierres d'une même assise.

83. — **Mur droit**, mur dont les deux parements sont verticaux et parallèles ; les pierres qui le composent sont des parallélipipèdes ; il s'emploie comme clôture ou comme pan d'habitation (Fig. 1 et Planche 5).

84. — **Mur en talus**, mur incliné et ordinairement plus épais à la base qu'au sommet ; il sert à maintenir les terres des remblais (Fig. 2 et Planche 5). — **Mur en rampe ou mur rampant** (Fig. 3 et Planche 5), qui a plus d'inclinaison que le mur en talus.

85. — **Mur biais**, mur dont les deux parements ne sont pas parallèles ; lorsqu'il forme la partie antérieure d'un massif de maçonnerie (plan Fig. 4, élévation Fig. 5), les parements des pierres tournés du côté du massif ne se raccordent pas entre eux.

86. — **Mur circulaire**, mur qui s'étend suivant une ligne courbe, composée d'un ou de plusieurs arcs raccordés ; les joints des pierres sont obliques entre eux et tendent chacun vers le centre de l'arc que décrit leur parement. Les murs circulaires sont : en *tour ronde, elliptiques* ou à *plusieurs centres, coniques,*

87. — **Mur en tour ronde** (Planche 6), mur dont les joints sont tous verticaux et tendent tous vers un même centre, et qui s'élève verticalement en décrivant un cercle dans le plan horizontal.

88. — **Mur elliptique, à anse de panier, ou à plusieurs centres**, qui diffère du mur en tour ronde en ce qu'il décrit sur le plan horizontal une ellipse, un ovale ou partie d'ellipse ou d'ovale. (Pour le tracé de ces courbes, voir la 2ᵉ partie de ce cours.)

89. — **Mur conique** (Planche 6), qui s'élève circulairement, mais dont le développement est plus grand à sa base, s'il est convexe, ou à son sommet, s'il est concave.

90. — **Berceau**, voûte qui recouvre l'espace compris entre deux murs verticaux et parallèles. — **Porte**, berceau qui a peu de longueur. — **Plan de naissance**, plan horizontal (ab, Fig. 6) dans lequel est le lit de pose de chaque pierre inférieure d'une voûte. — **Intrados**, surface intérieure d'une voûte ; **extrados**, surface extérieure. — **Cintre**, courbe que décrit l'intrados.

91. — **Voussoir**, pierre d'une voûte. — **Retombée**, chaque assise de voussoirs. — **Clef**, voussoir du milieu (c, Fig. 6) ; le cintre doit donc être partagé en un nombre impair de retombées.

92. — **Plein cintre** (Fig. 6), voûte qui forme une demi-circonférence. — **Cintre surbaissé** (Fig. 9), dont la hauteur est moindre que la demi-largeur. — **Cintre surhaussé ou surélevé**, dont la hauteur est plus grande que la demi-largeur. — **Voûte ogivale** (Fig. 8), composée de deux arcs qui forment un angle à leur rencontre. — **Voussure en plate-bande** (Fig. 7), dont l'intrados est horizontal. (Voir Planches 7 et 8.) — Pour obtenir la direction des voussoirs de la plate-bande (Fig. 7), d'un rayon an et des points a et n, obtenir le centre o.

93. — **Voûte annulaire**, berceau qui porte sur deux murs circulaires concentriques. — **Voûte sphérique ou coupole**, dont le plan et la coupe sont circulaires. — **Voûte conique**, qui s'élève en cône. — **Voûte d'arête**, formée par le concours de plusieurs parties de voûte. — **Voûte en arc de cloître**, voûte d'arête dont le point de rencontre est une moulure. — **Voûte biaise**, dont les pieds-droits sont obliques au berceau.

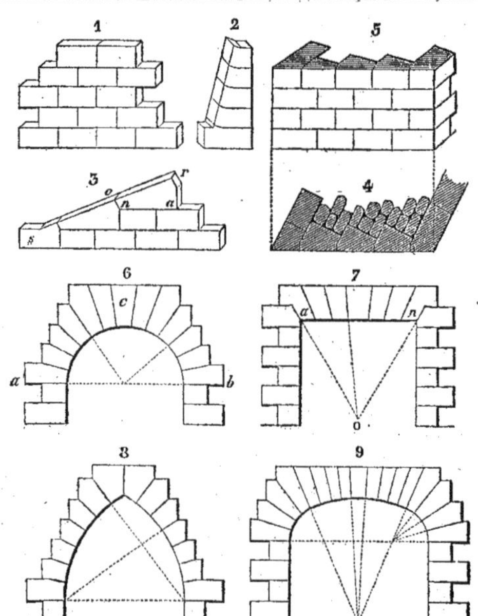

94. — Pour qu'un mur soit solidement construit, il faut autant que possible : 1° que les lits de carrière des pierres soient perpendiculaires à la direction de la pression qui agit sur elles ; — 2° que les joints d'une assise correspondent au milieu des pierres de l'assise inférieure ; — 3° que les plans de joints soient perpendiculaires aux parements.

95. — Pour que les plans de joints soient perpendiculaires aux parements de la face d'un mur en talus (Fig. 2) ou en rampe (Fig. 3), on arrête la coupe du lit de pose à 5 ou 6 centimètres de la face du talus, soit an (Fig. 3), puis on fait une coupe no perpendiculaire à la face du talus rs. On opère d'une manière analogue dans les murs biais (Fig. 4 et 5).

96. — Pour opérer la coupe des pierres suivant les diverses formes qu'elles doivent avoir, on se sert de l'équerre, lorsque les faces sont perpendiculaires entre elles, ou d'un châssis nommé panneau, qui a la forme de la face que l'on veut déterminer et que l'on applique dessus pour tracer ses contours.

PRISMES.

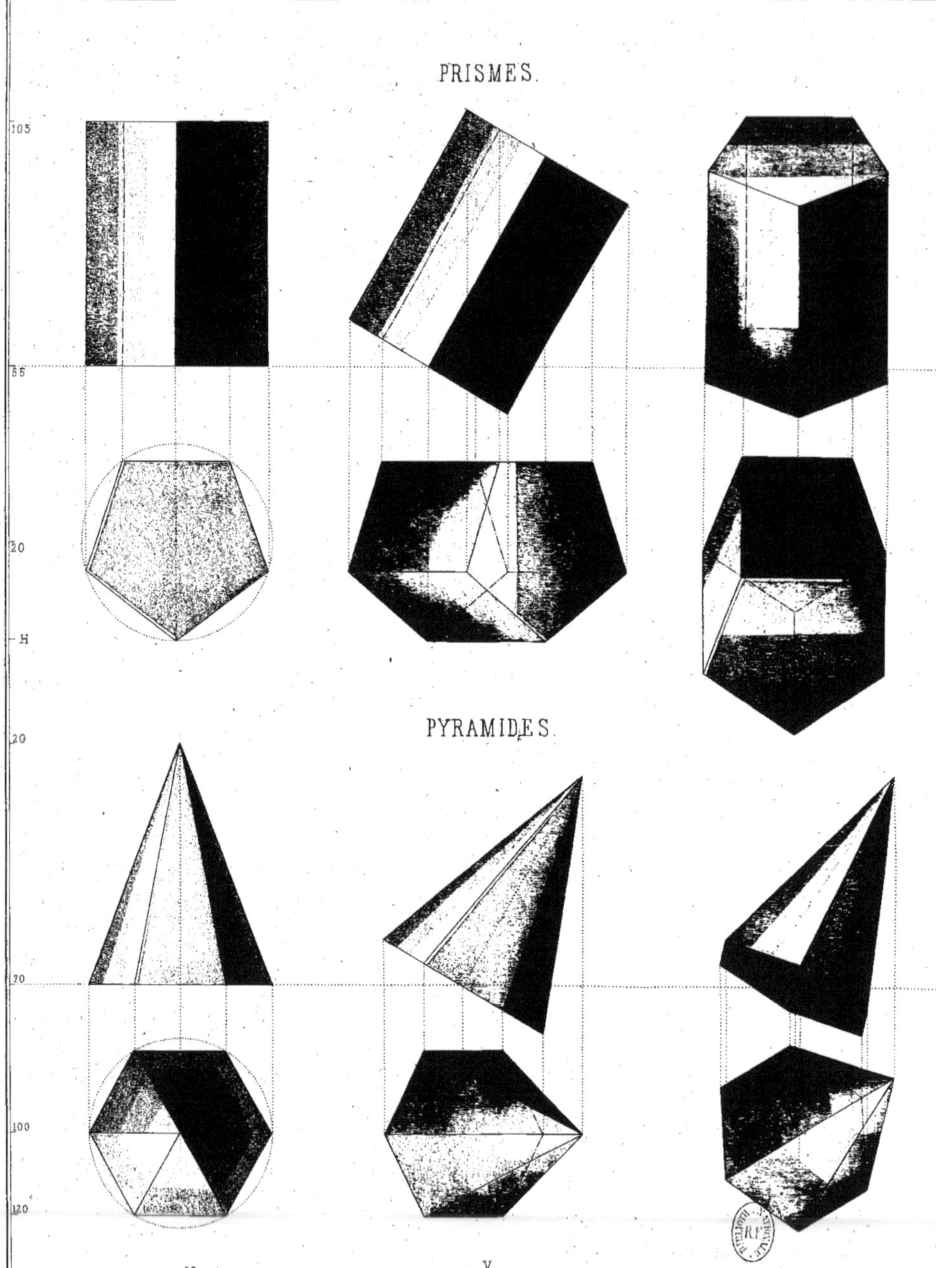

PYRAMIDES.

Paris, J. Delalain, Editeur.   Gravé par L. Chaumont.   Méthode A. Le Béalle.

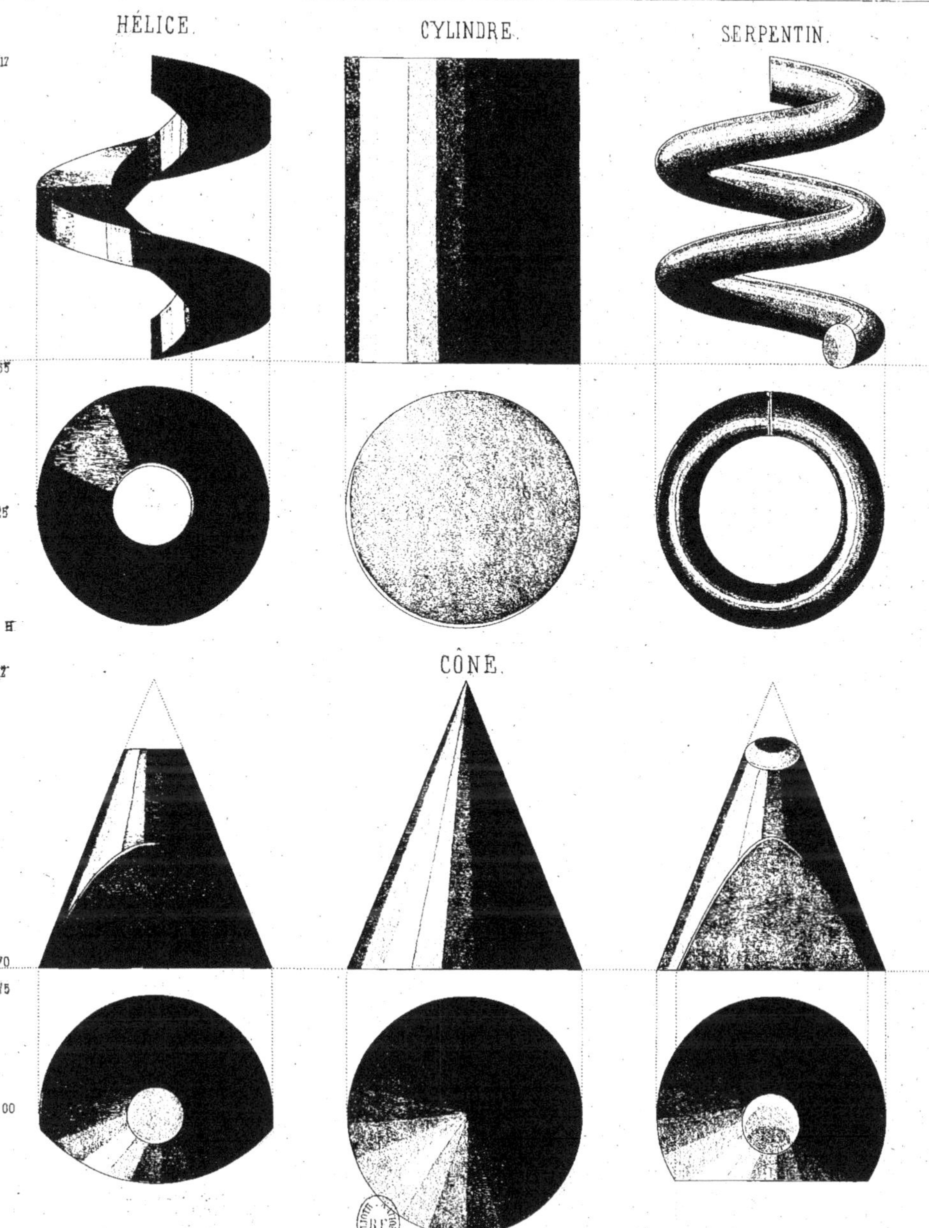
HÉLICE.
CYLINDRE.
SERPENTIN.
CÔNE.

SPHÈRE — POLYÈDRES RÉGULIERS.

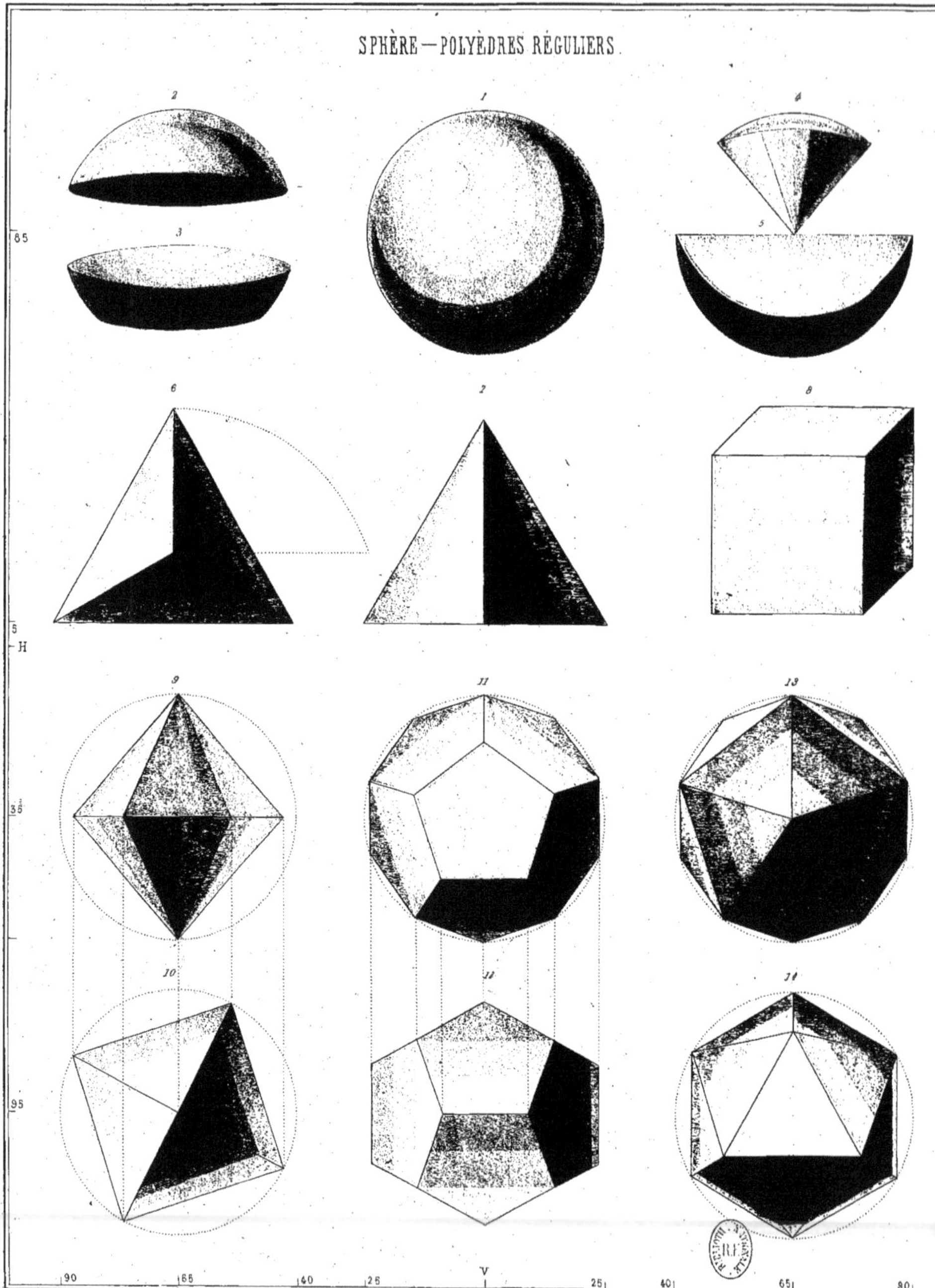

PÉNÉTRATIONS DE SOLIDES.

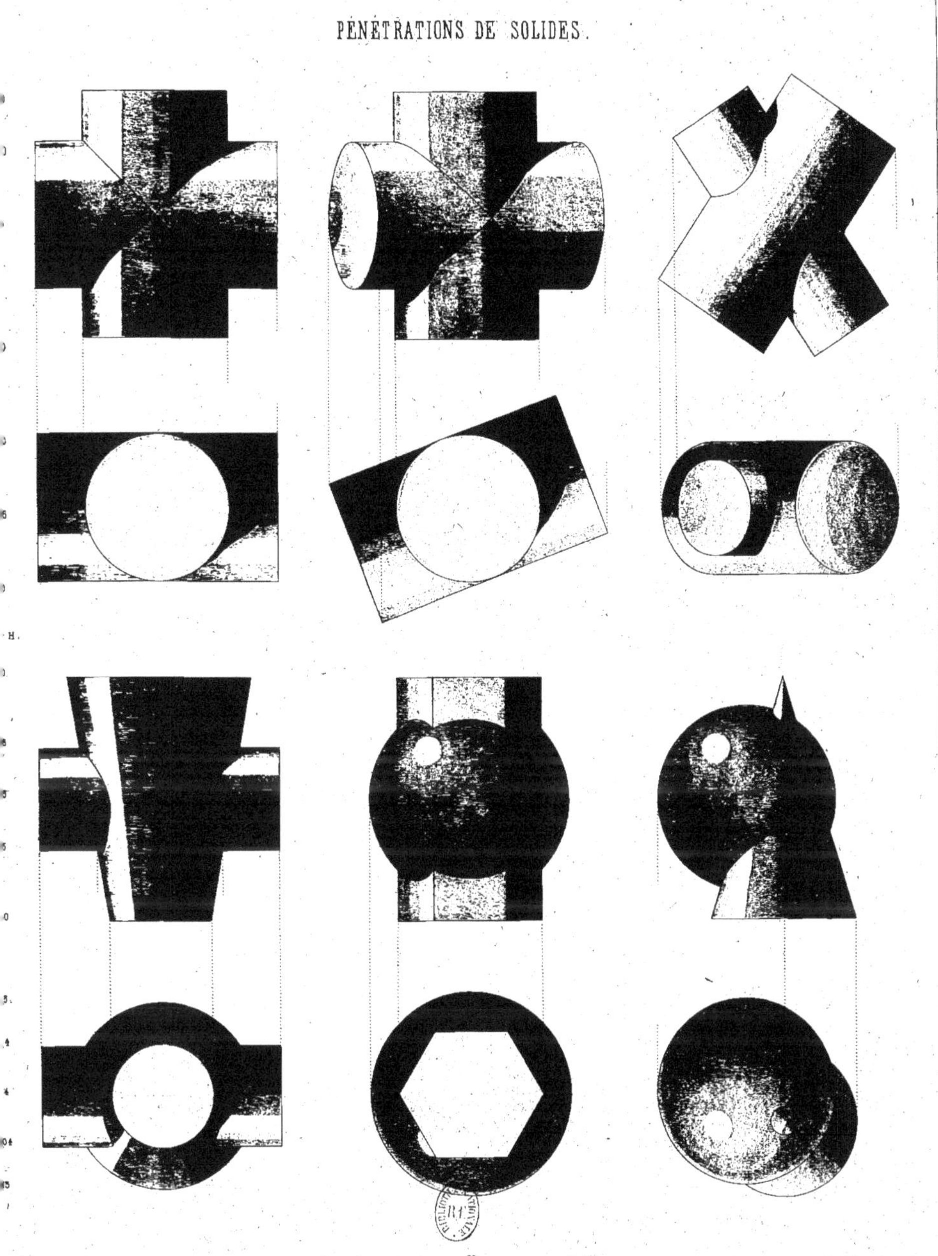

190   175   165   155   140   15   V   15   38   58   65   80

APPAREILS DE MURS. 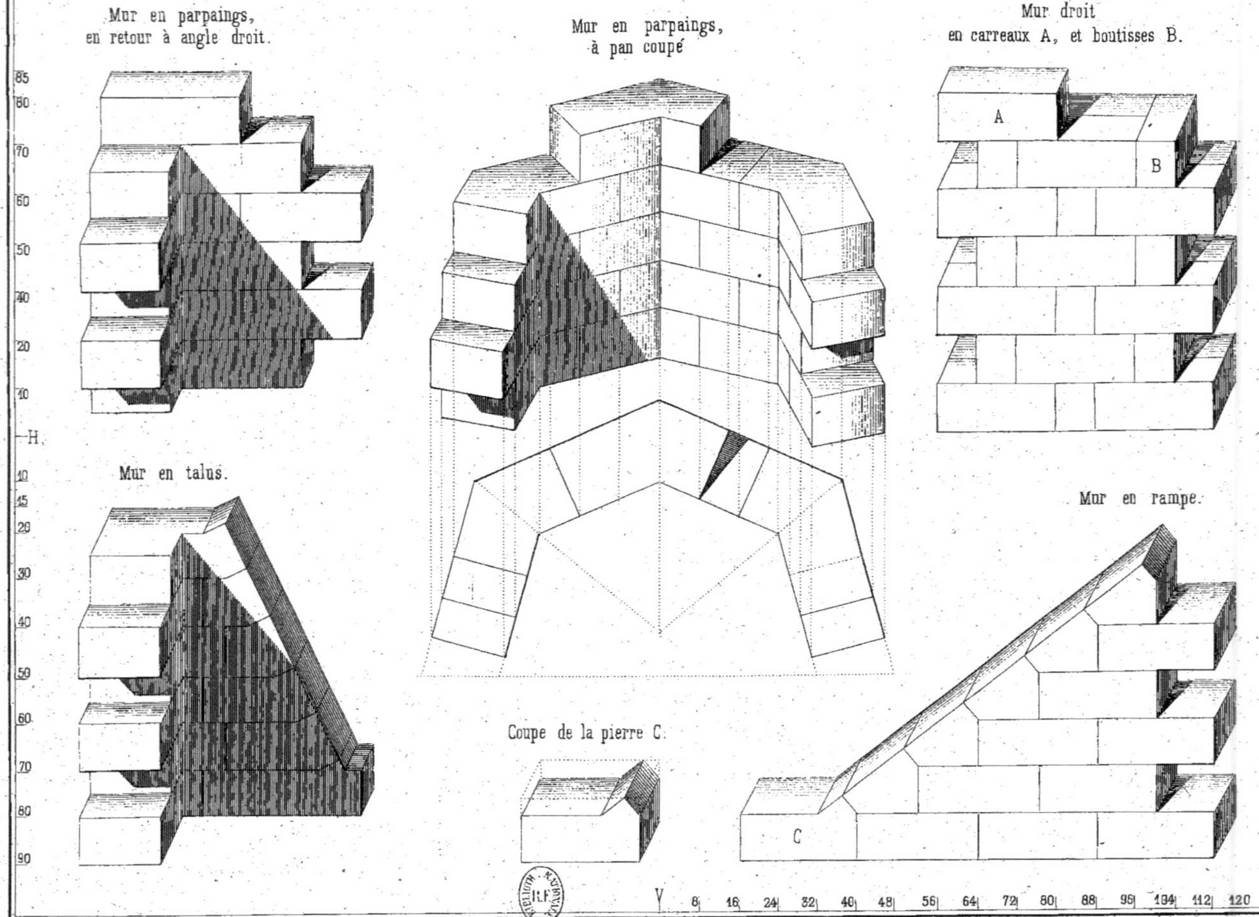
Mur en parpaings,
en retour à angle droit.
Mur en parpaings,
à pan coupé
Mur droit
en carreaux A, et boutisses B.
A
B
Mur en talus.
Mur en rampe.
Coupe de la pierre C.
C
H
85
80
70
60
50
40
20
10
15
20
30
40
50
60
70
80
90
V
8
16
24
32
40
48
56
64
72
80
88
96
104
112
120
Paris, J. Delalain, Editeur.
Gravé par L. Chaumont.
Méthode A. LeBéalle.

APPAREILS DE MURS.

Mur en talus conique convexe.

Mur en tour ronde.

Mur en talus conique concave.

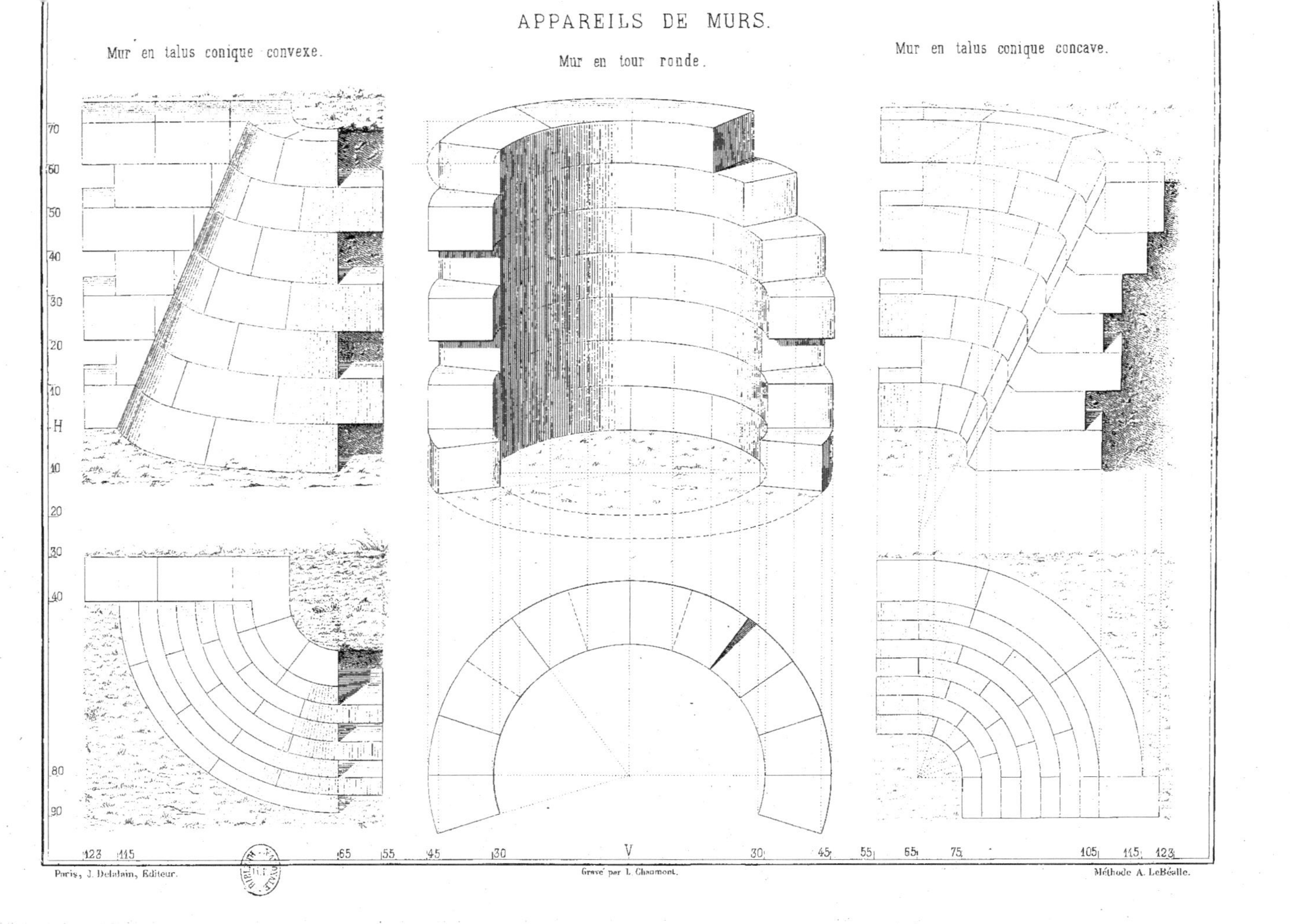

Gravé par L. Chaumont.

Méthode A. LeBéalle.

APPAREILS DE VOÛTES.

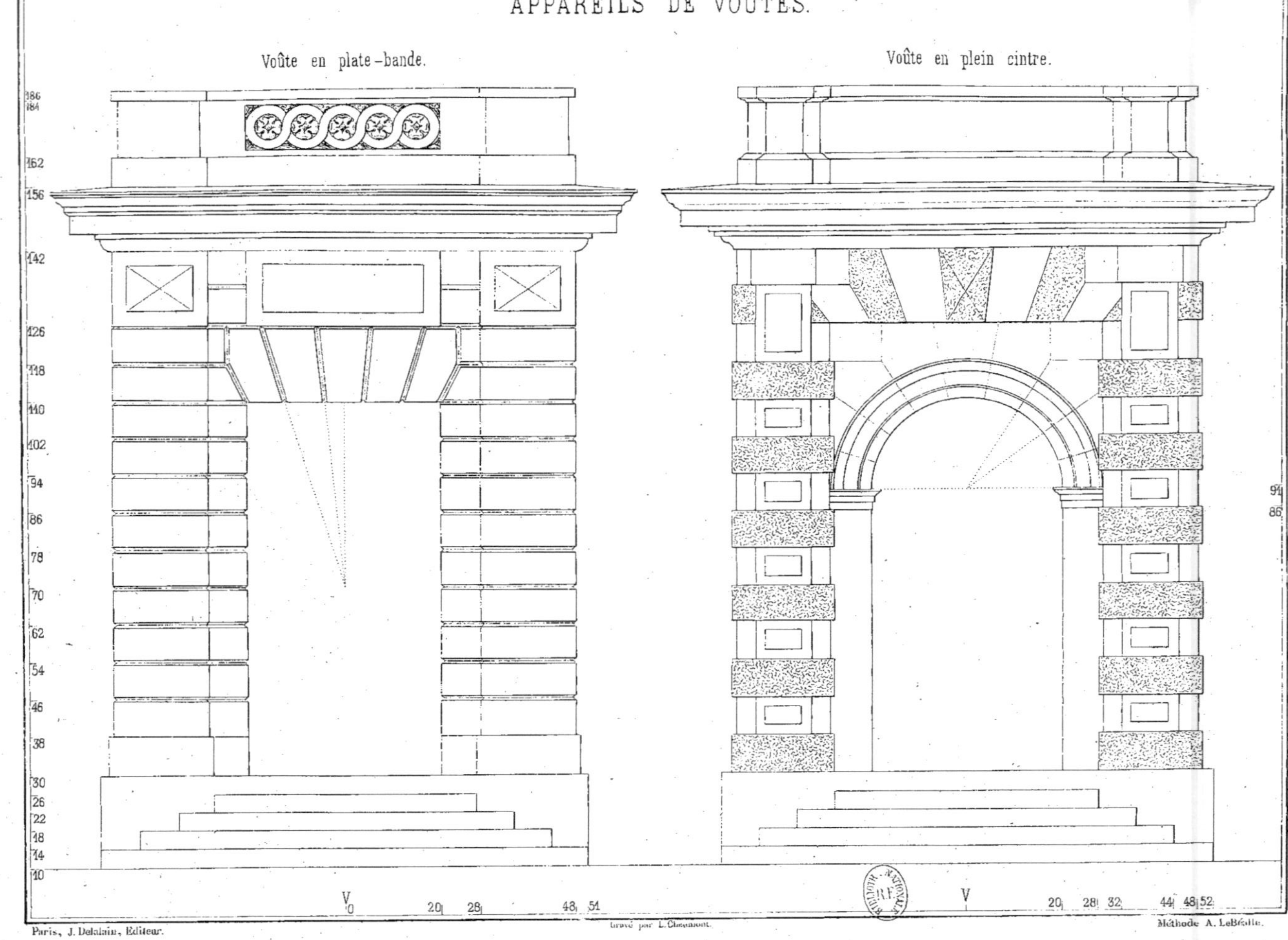

APPAREILS DE VOÛTES.

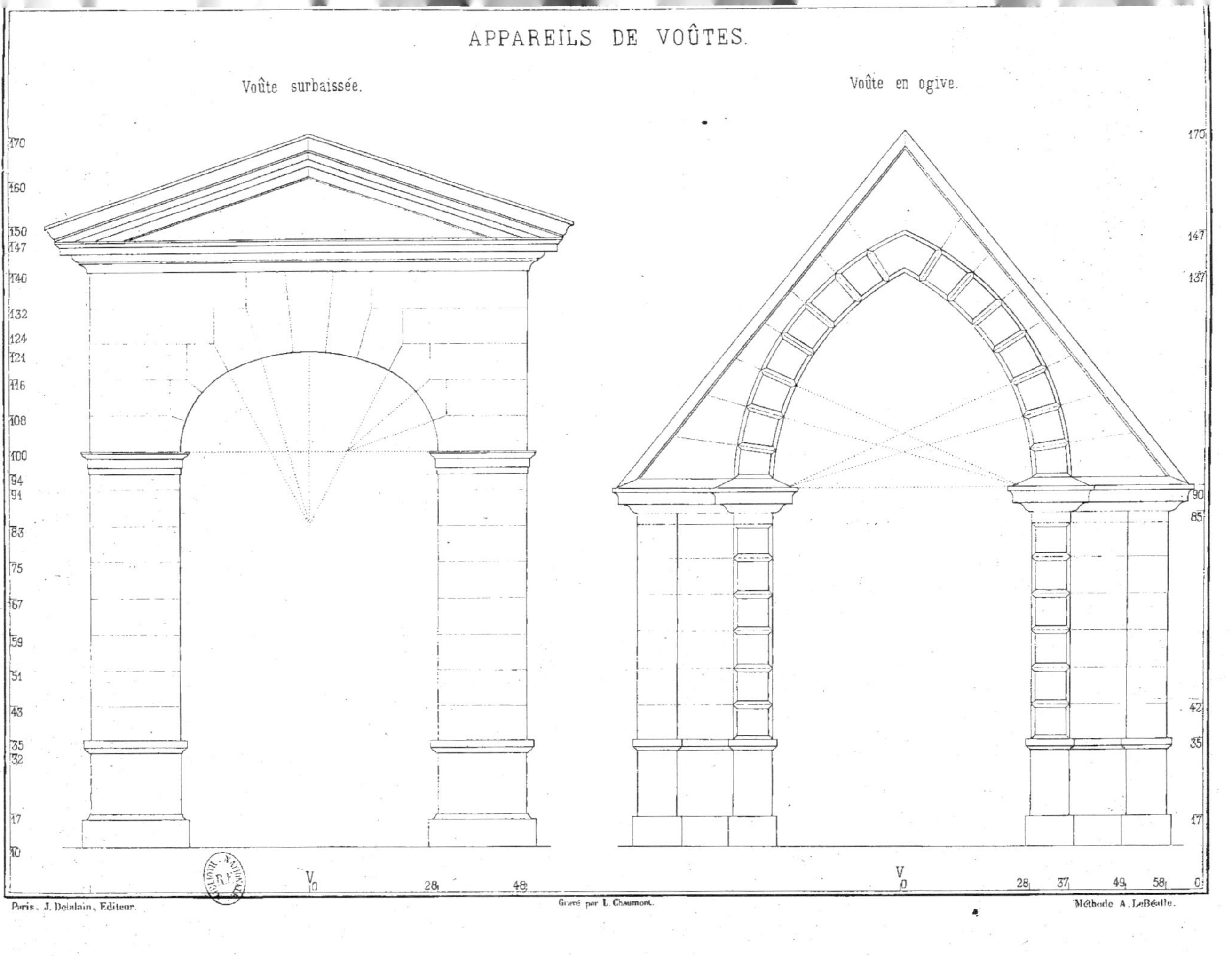

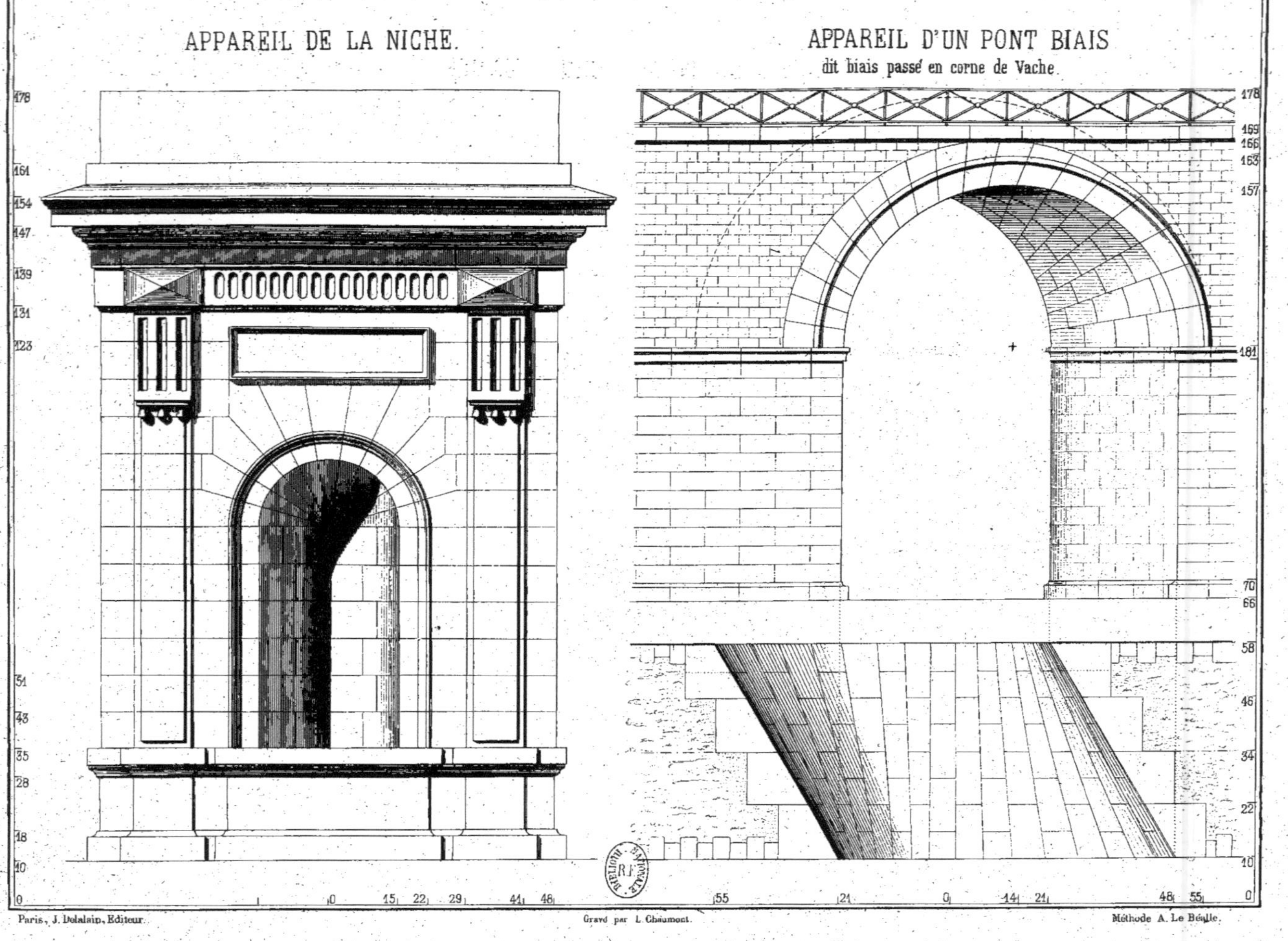

APPAREIL DE LA NICHE.
APPAREIL D'UN PONT BIAIS
dit biais passé en corne de Vache.
Paris, J. Delalain, Editeur.
Gravé par L. Chaumont.
Méthode A. Le Béalle.

ESCALIER DROIT A DOUBLE RAMPE.

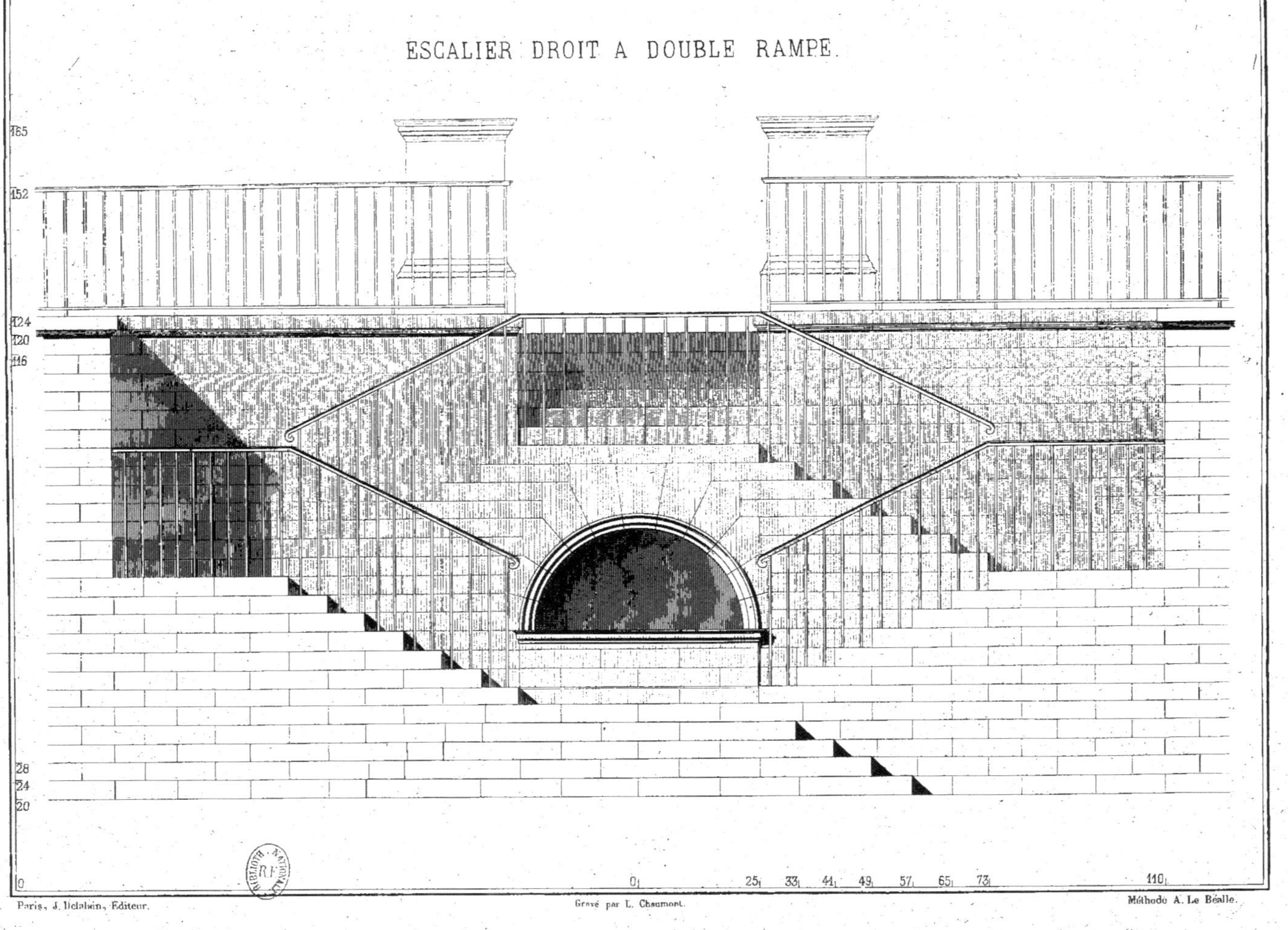

Paris, J. Delahin, Éditeur.

Gravé par L. Chaumont.

Méthode A. Le Béalle.

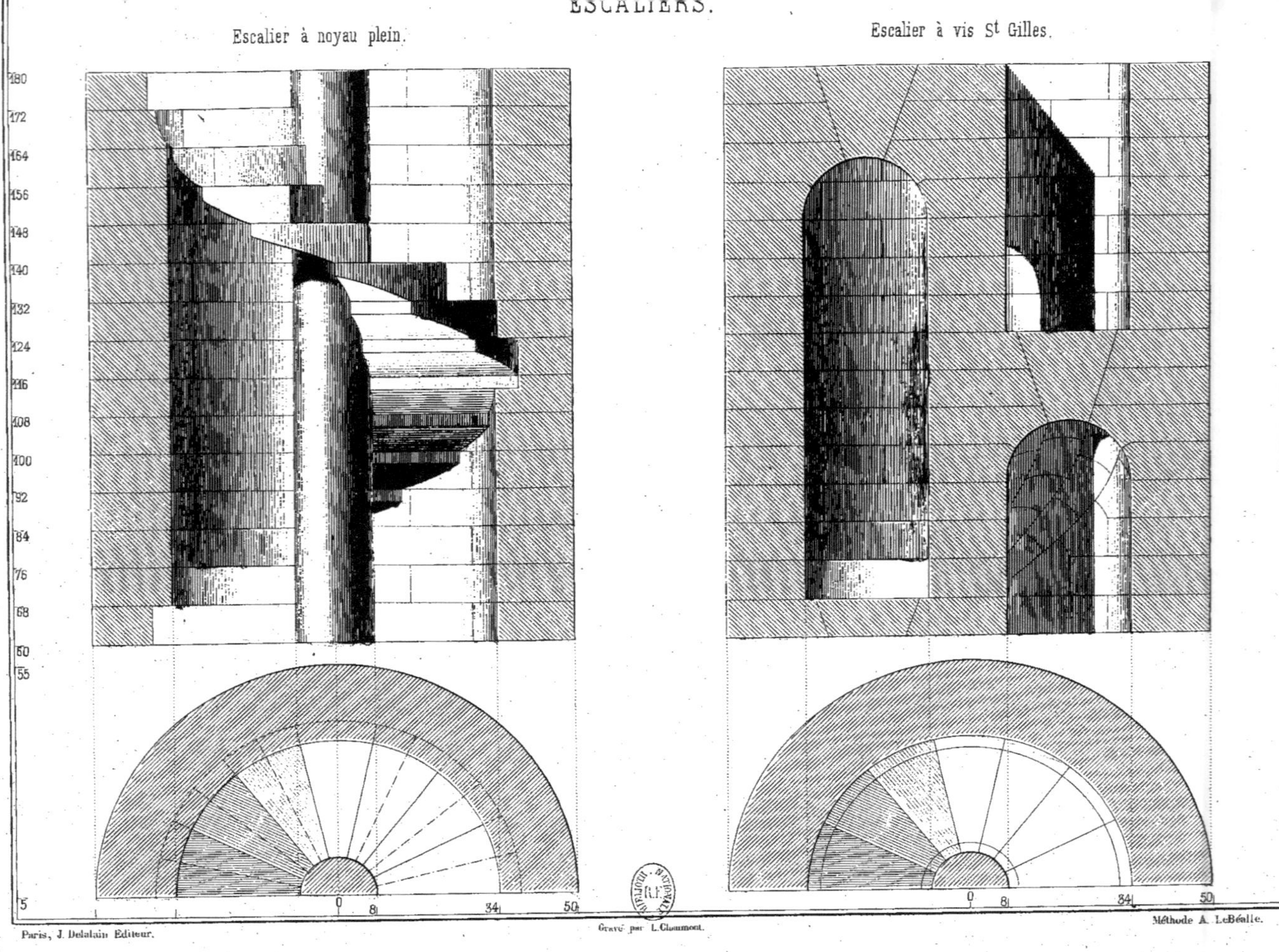

Paris, J. Dedalain Editeur.

Gravé par L. Chaumont.

Méthode A. LeRéalle.

ESCALIERS.

Escalier en vis à jour et à cage circulaire.

Escalier en vis à jour et à cage polygonale.

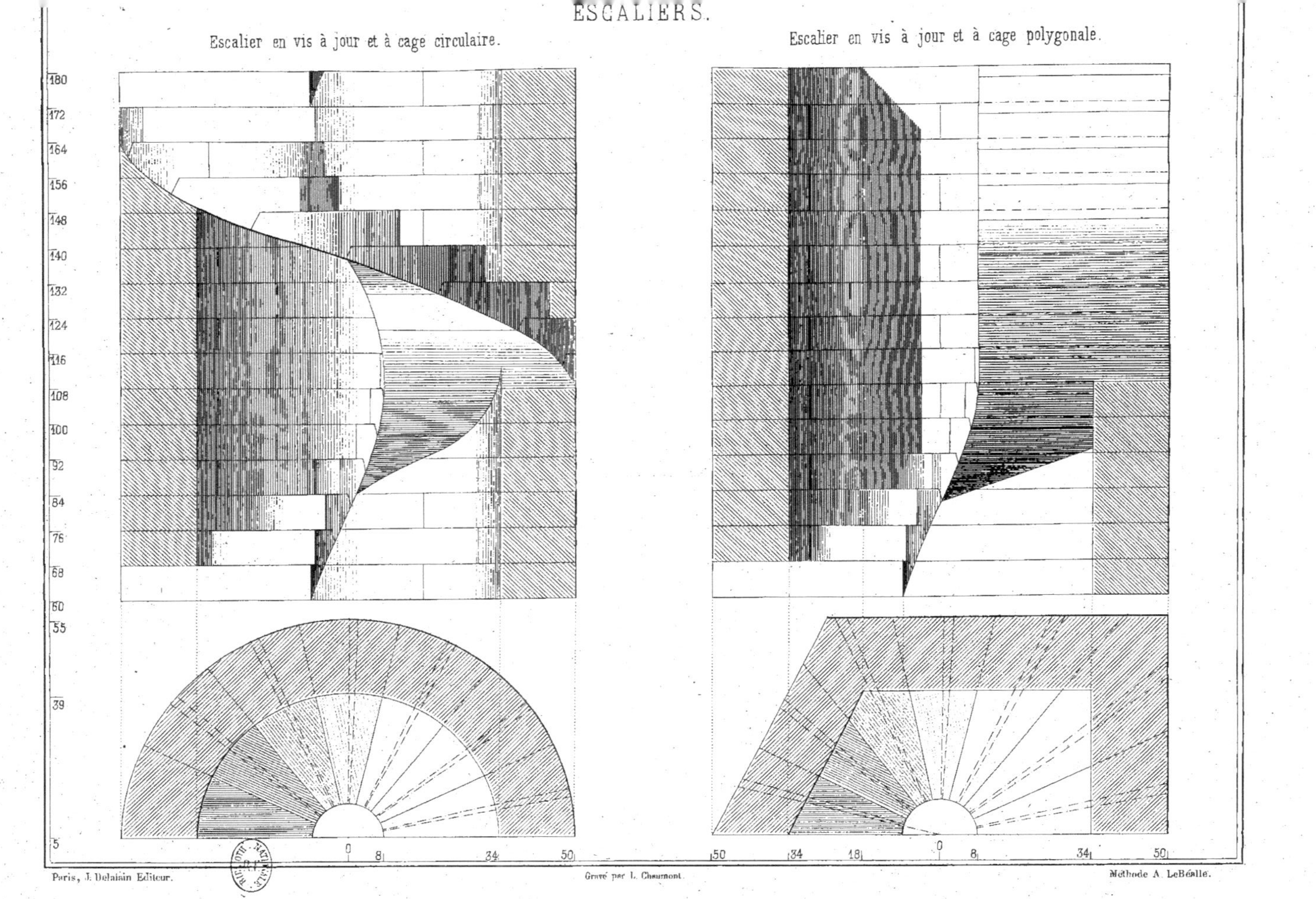

PONT EN PIERRE

Appareil d'une arche en arc de cercle.

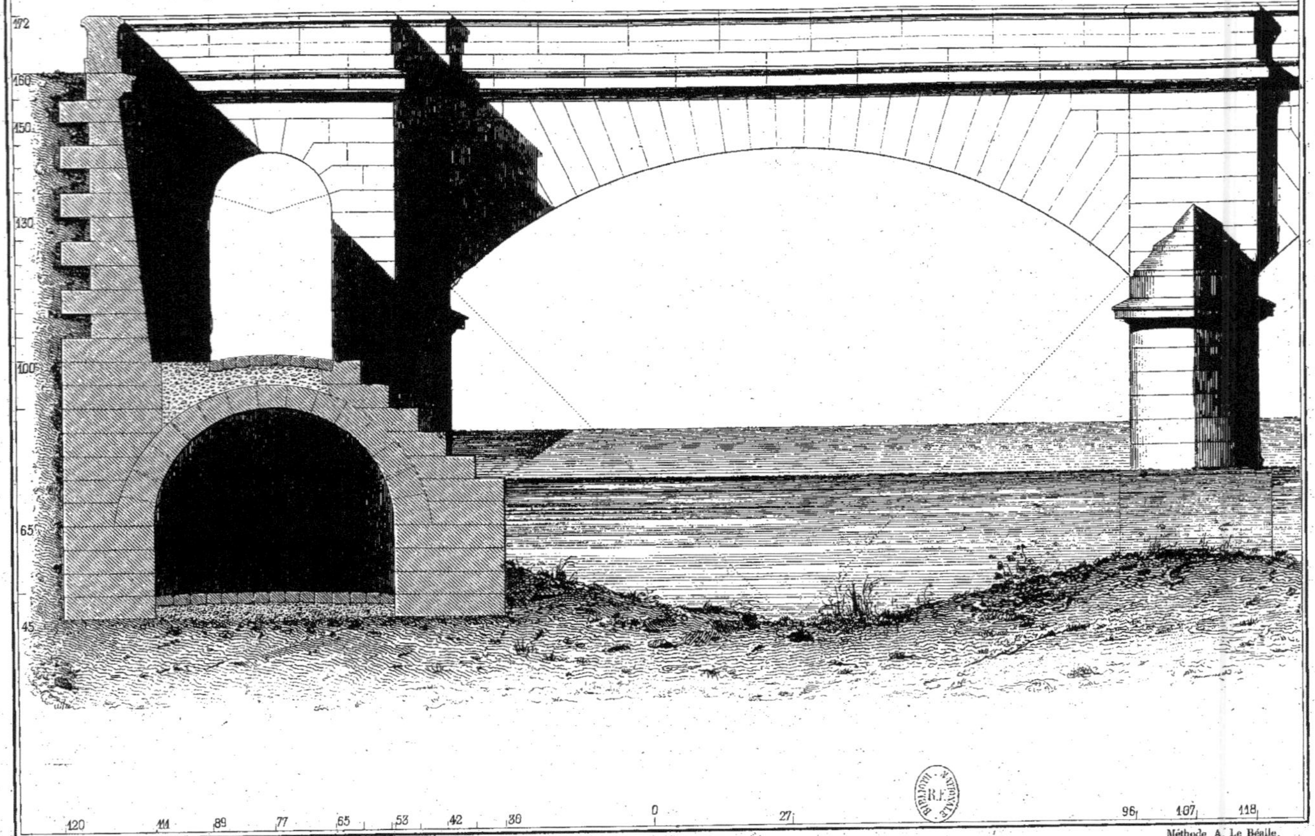

ENTRÉE D'UN TUNNEL.

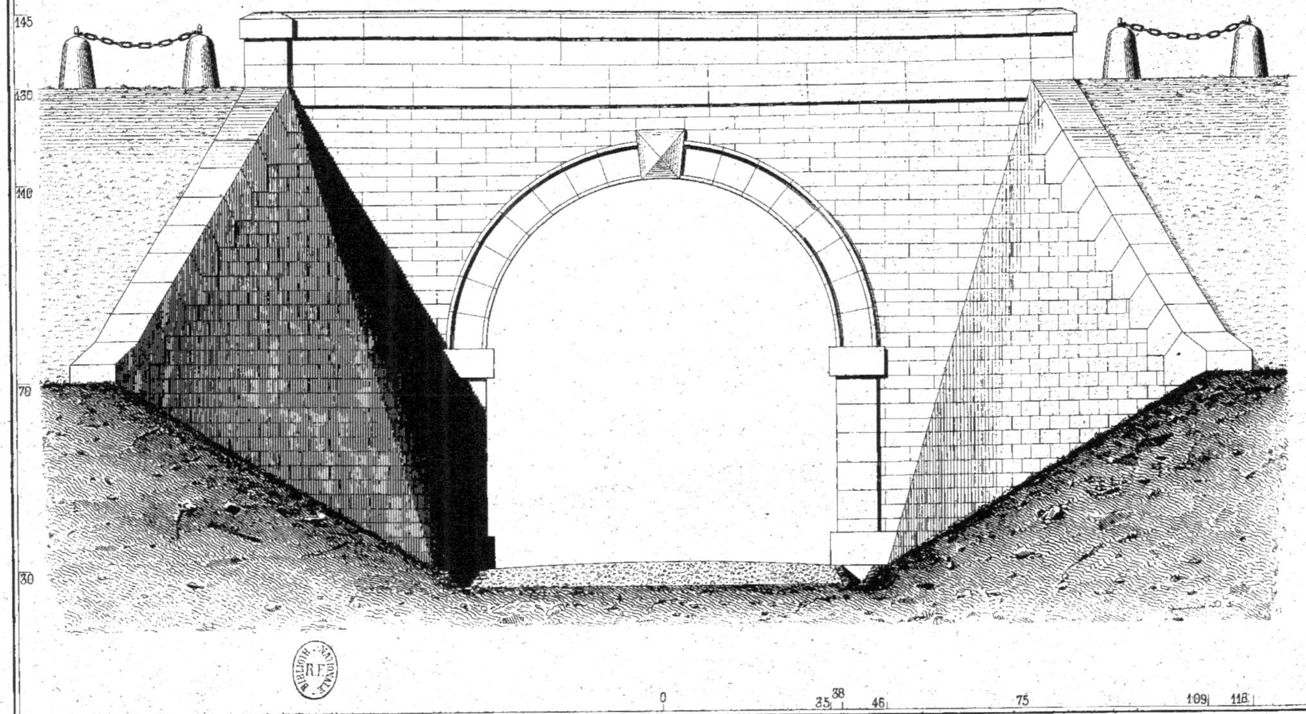

Paris., J. Delalain, Éditeur.

Gravé par L. Chaumont.

Méthode A. LeBéalle.

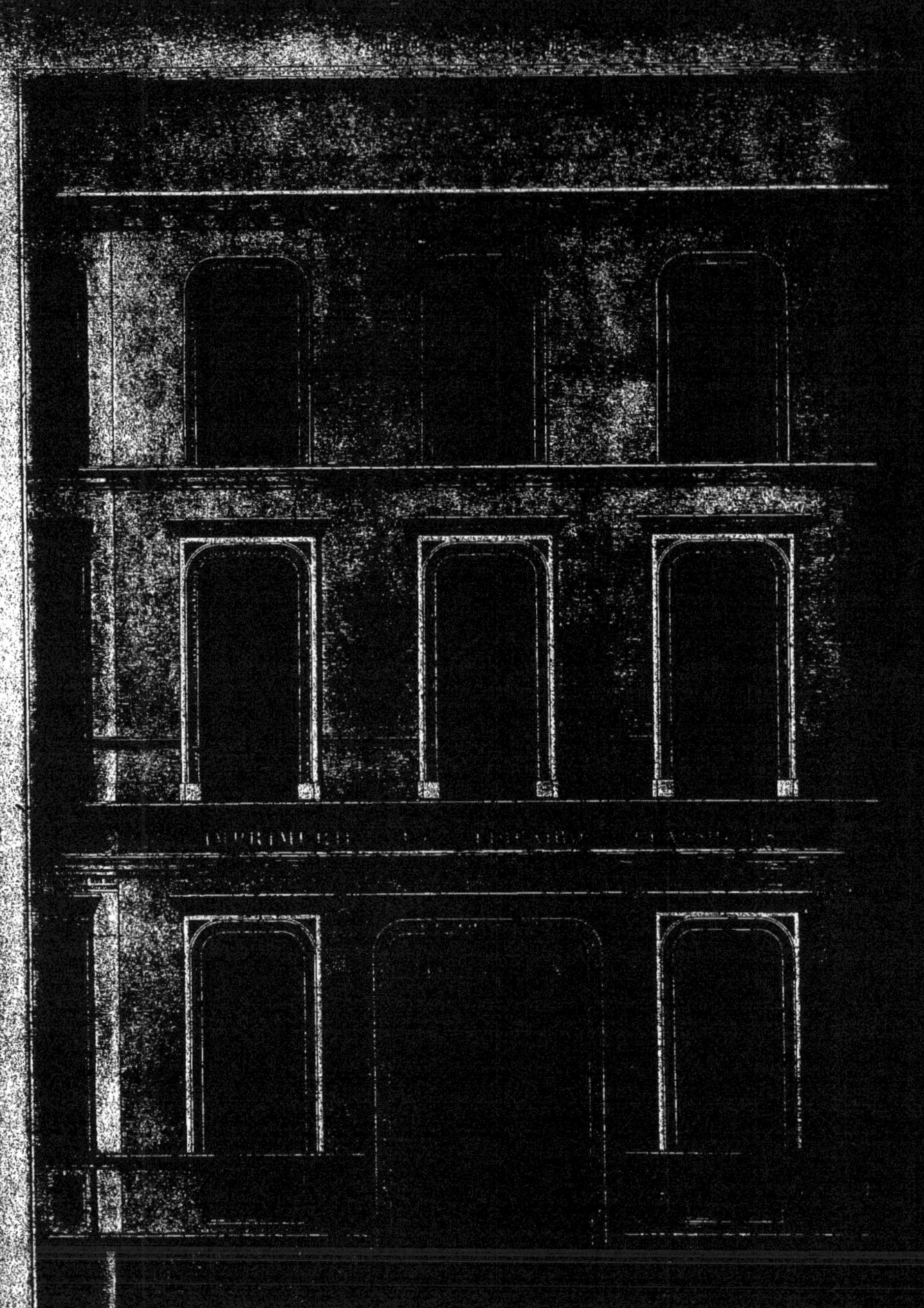

Paris. J. Delalain, Editeur.

HALLE AU BLÉ DE PARIS.

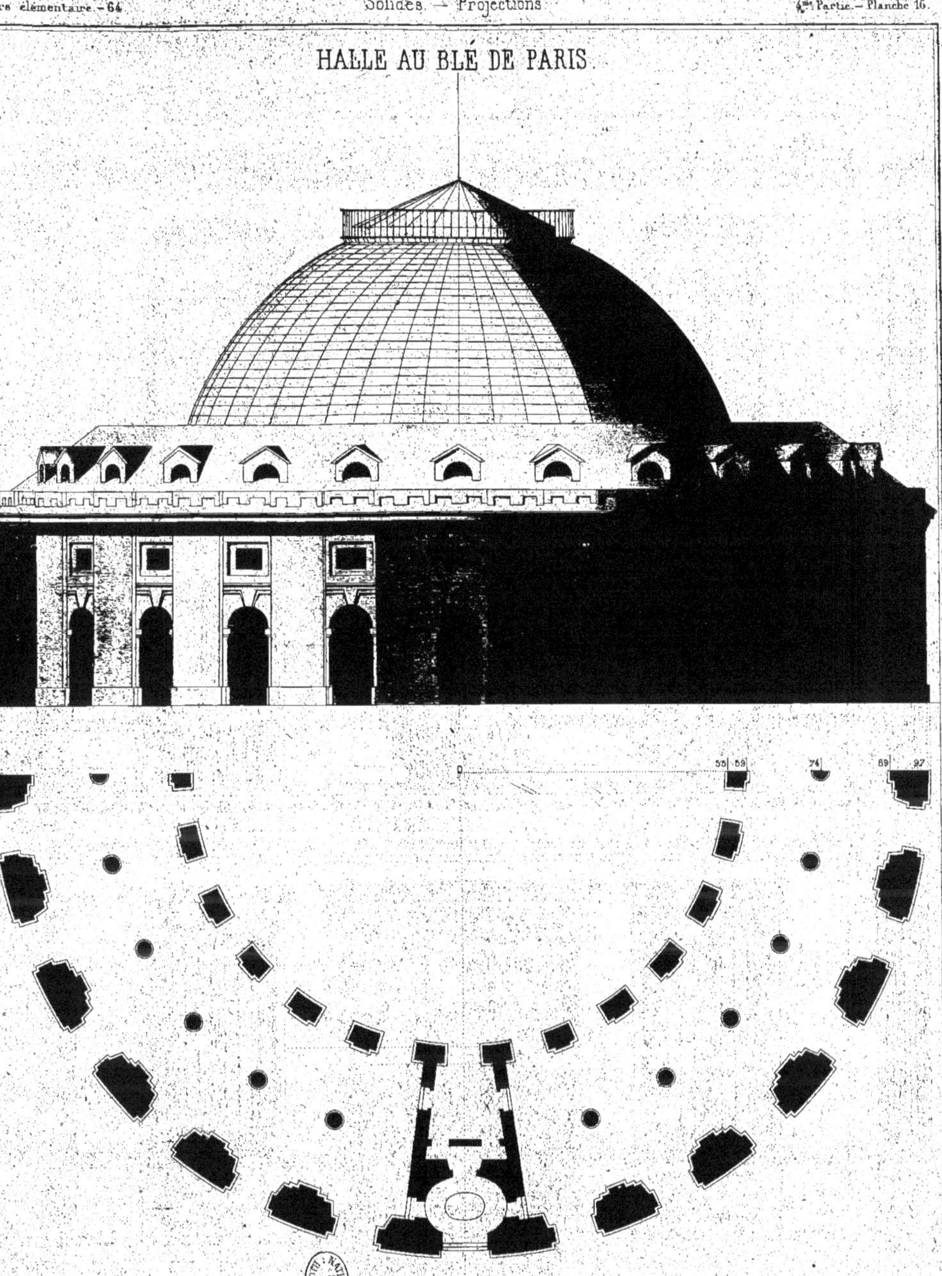